文史哲詩叢之11

神秘的第五季

張健著

文史哲出版社印行

國立中央圖書館出版品預行編目資料

神秘的第五季 / 張健著. -- 初版. -- 臺北市：
文史哲，民83
面；　公分. -- (文史哲詩叢；11)
ISBN 957-547-860-6(平裝)

851.486　　1　　83002310

文史哲詩叢 ⑪

神秘的第五季

著　者：張　健
出版者：文史哲出版社
登記證字號：行政院新聞局局版臺業字五三三七號
發行人：彭　正　雄
發行所：文史哲出版社
印刷者：文史哲出版社
台北市羅斯福路一段七十二巷四號
郵撥〇五一二八八一二彭正雄帳戶
電話：三五一一〇二八
實價新台幣一八〇元
中華民國八十三年三月初版

ISBN 957-547-860-6

序

第二十二次和第一次是不同的，這本詩集是我的第二十二，而二十二是我的吉祥數字——「張健」的筆劃合起來一共二十二。

詩是一種吉祥，也是一種清清楚楚的曖昧。我已年過半百，不復耽溺於斯，卻仍然鍾愛她。

近三年裡，只寫了這一百多首作品。在他人來說，也許已算豐收；在我，則是減產。

減產，有時候也是一種福份。

張　健

八十三年元月

神秘的第五季 目次

臘梅

清晨五點起床
走進桌上花瓶
妻子悠悠灑水
瓶中伸出臘梅

八十年七月十八日晨

全壘打

我高舉衝鋒槍
闖入你的火藥庫

遠處棒球場裡
一棒揮出全壘打

信心

扯下一大片藍天
說要縫補信心

左縫右補不成詩
只好棄天低泣

天運

昂然走入球場
充當職業球僮

藍天好不興奮
揮手一桿進洞

坐

每晨撞牆三次
毋忘在籠

細看海鷗展翼
坐地輕撫芳草

大陸水災

長江滔滔不絕
太湖打開大閘

重重噩夢之後
大地又演義六四

呻吟沒有回聲
生命不見盡頭

大禹在陵墓中
痛楚地翻了一個身

雕

光陰
懇切地
雕刻著我的臉龐
鑿到最後
竟雕成了一尊
粗糙的童年

八月十三日

百萬年後

一百萬年以後
所有的女人
都飛翔起來

而所有的男人
都躍入水中
化成美人魚
或者鯊魚人

俄羅斯人

列寧是我的伏特加酒
子夜醒來時
我一飲而盡

馬克斯是我的藥汁
每天清晨，迎著朝暉
我勇敢地熬受苦澀

如今人們說戈巴契夫
乃是一罐糖漿：
「小心吃壞了牙齒！」

而葉爾辛

（聽說他的心臟不好）
是一撮新摘起的
煙葉……

唉，我只想
只想擁有一塊
特大號的麵包！

長江

很久沒有旅行自己的內陸
這才發現許多河川業已淤塞
費盡力氣疏濬了一條
它的名字已不叫長江

生命

我喜愛天空
天空中的一片雲

我喜愛大地
大地上的一棵樹

雲和樹
這就是我的生命

十月十七日

名片

他們或坐或臥
只是站不起來

那些我曾遞出的
是他們的兄弟

願他們脫略風塵
一一安心地睡去

他們的那些兄弟
已在遠方安息

狗

他端坐在世界一隅
靜靜地分析
那大門的結構

沒有人知悉
他的寂寞是
哪一種顏色

十月十八日

課堂上

想從這些礦苗
提煉出一兩純金
一枝枝粉筆
是一把把鋤頭

闔上書本時
竟發現自己
正處身於一座
冷冷的煤礦裡

讀者文摘

開懷一笑之後
浮世繪湧上來

關於每月書摘
我彷彿墜入陷阱的
一隻悠閒的
大黑熊

那些遠遠的訊息
比星星還要頑皮

還有一篇情文並茂的廣告
是明年旅行途中
一片多青草的曠野

神往

夕陽之後，一片青草
使我悠然神往
掀過這綠油油的一頁
一片空白無比神祕

兔子

頂樓上養了一隻兔子
每天要妻子女兒上去餵牠
臨走那晚，我上去看牠
像辭別一位親人

有一天牠失蹤了

我在九龍，有一天
接到妻子的家書
説牠不見了
她的傷心頓時傳染給我
面對著滿天晚霞

好幾個時辰之後
我依然倚窗木立
突然之間，我自己
變成了一隻兔子

十月十九日

影子

我是她的影子
昔日是今天的影子

一百年後
她來訪我
我倆雙雙（啊）
沒有影子

還

我拾起一捲夕暉
獻給仰臥西窗的
妻
妻把它釀成微笑
不經意地，還給了淡淡的
天

西方

有人點起燈籠
尋找蘇格拉底
有人闖入小巷
探索羅馬迴音

還有一群人
染了枯焦的黃髮
挖出自己的眼珠
換上碧瞳如湖

而西方
始終在雲裡霧裡

一生

走來，走去
走不出棋盤格子
下棋的老頭喃喃道
一百，一百……

十月二十日

電梯

電梯一路向下降
我的年歲向上昇

降到地下室
我化為一縷水汽

太陽

不是玉盤
不是燈籠

是一座大紅的廟宇
裡面端坐著一位
奇異的神明

舊情

一掛殘餘的鞭炮
臨風飄搖

不知道何時把它點燃
不知道將發生
何種聲響

愛

千蜂千蝶
只是一春

千葉飄舞
足成一秋

千言萬語
終是一夢

十月廿一日

堤上

幾個早行人
在消化他們的
夢境

幾隻小鷺鷥
在拂拭牠們的
白羽

一輛自行車
醉了
斜倚在那裡

玉石

少年時代
我是一團春泥
青年時期
我乃一塊美玉
而如今是五十二
我成了一方頑石

手掌

我觀察他
如觀察天象

我撫摸他
如撫摸我的初戀

我遺忘他
如遺忘世界的苦難

十月

十月是一張楓葉
紅紅紅
然後滲出一絲淒涼
十月是一聲長嘯
源自阮籍
落入深淵
十月是一首古詩
千吟百誦
化為曲曲長廊

月亮

蒼黃蒼黃的一位鄰居：

愛她的時候
把她當作黃花閨女
厭她的時刻
將她看成黃臉婆

上下

割草機在樓下
割光了一個晌午

我的心在高山上
翔舞了一個世紀

上樓下樓

上樓的時候
我憶起母親
有一次在和平東路迷失

下樓的片刻
我想起兒子
有一天從久康街溜走

十月廿三日

昇

昨夜是一張拼圖
山水田園人頭貓狗

今天是一座高塔
一級一級上昇

訪問

某日凌晨
一記者訪問我
我披衣起迎
默默無語
她問了一百個問題
我全無答案
她佛然離去
頻頻回首
「我貯著風

雲
我斟酌少女」

十月廿四日

葉慈

葉慈一九三九年死
我生
一個心願的王國
便如此傳承

鮮血、智慧與想像
詩與夢的合一
我心已遠翔
翔往愛爾蘭的海濱

一隻天鵝如何能
負載大地的真理
我僕僕風塵
為失途的牛馬奔走

洗臉

每天清晨，太陽
總不厭其煩的
為大地洗臉

就像一盆盆的冷水
傾身而下
淋得大地痛徹骨髓

但大地的污穢依舊
太陽咬牙切齒
狠狠地扔下一句詈詞：
比豬子豬孫還骯髒

十月廿六日

公車上

我是一隻雞蛋
被千千萬萬隻
母雞所掩孵

頓時（在顛簸中）
我化為一隻雛雞
且振翅欲飛

天空一大片烏雲。

口號

我在洗臉時
一不小心
洗掉了兩隻
美麗的耳朵

兩隻美麗的眼睛
也為她們殉情
鼻子，孤零零地
只覺進退兩難

而那張身兼三職的嘴
竟大聲呼叫起
台獨的口號來

裸者與死者

裸者死
死者裸
衣冠與禽獸
悠悠然地活著

赤裸的劉伶
忘了帶鏟子
只西風為他助陣

盛裝的阮籍
吐出千年的鮮血
長嘯於歧途

裸者復活了

鼓棒

我將太陽當作銅鑼
一連扣擊了三百六十五次
敲累了
趕緊躺下
自己變成一支鼓棒

十月廿七日

咆哮

我坐在岩石上
聽瀑布咆哮

中南半島上
有一群猴子在爬樹

十月卅日

爬 天

深深呼吸了一口
我爬上天空

星星和月亮
變成了我的伴侶

而一串淚珠
由不知那個角落
潺潺滴下

十一月八日

酒杯

昨夜零時
雲淡風高
我用月亮作酒杯
飲盡人世的辛酸

十一月廿三日

落英

愛情是一束花朵
不管你插在那隻花瓶裡
日子久了總會凋謝

落英繽紛時
再低首回味往昔
乃有無限的芬芳

十二月四日

無題

你是筆架
任我斜插
你是月亮
讓我籠罩
你是大海
邀我游泳
你是藍天
供我遨遊
太陽是你
將我熔化

尋

我躍進一隻鳥籠
蹲坐了一個下午
翌晨，我闖入深林
尋覓一棵自由的樹

厭

我厭惡詩
為我打開大門
卻不再關上

我煩膩文學
為我打開天窗
讓風吹進來
讓雨落下來

我討厭自己：
不會關門
也不會關窗

十二月十八日

一天

總有一天
我會輕輕擁住你
然後柔柔地吻你的心

到那時候——
我是風
你是雲
我是月
你是星
我是海鷗
你是海水
我是沙灘
你是串串腳印——

沈吟

乘著雲彩
飛向天國

一陣霹靂
溶入銀河

失物

失物招領。

整夜的夢裡
只見這四個大字
我自已也變成失物了
東找西尋
徒然找丟了
一百二十幾副
各類型的
眼鏡

十二月十九日

高拔契夫

你瘦了
蘇維埃聯邦
已化為白雪片片

你瘦了
共產主義的溫室
已門户洞開

讓葉爾欽（那獅子）
承載滾動的地球吧

你退休後
快離開西伯利亞

去地中海一遊
或者遠赴南中國

歷史將輕輕撫摸
你廣大的前額：
大家都在等待
最後的精彩鏡頭

十二月二十日

後記：戈巴契夫，我改譯你爲高拔契夫！

失蹤

昨天黃昏，我突然忘記
把你柔弱的纖影
珍藏入我的心室

於是——
你失蹤了

咆哮

每一馬達的咆哮
凝結成一個鎳幣

回家途中
我的口袋裡
叮噹叮噹
響個不停

回到家裡
我抖一抖衣袖
抖出了
一百聲咆哮

暫停

所有的車子暫停
所有的臀部停擺
下午六點零六分
一萬條街道罷工

那位年輕的義警
把吹了一半的警笛
囫圇吞棗地
嚥進第七層丹田裡

六點半的公車上

臀和臀的對話
口和口的睥睨
左右兩隻大褲袋
不息地哮喘哮喘

下一站在月球
終點在冥王星
霓虹燈加紅綠燈
是今夜豐盛的晚宴

那少女

那少女
多麼美麗
她是手錶中的手錶
貼在我腕上

也許下一分鐘
她不復美麗
鐘錶不復呼吸
大地不復慢跑

鍍金的人

一列女子由窗前走過
一排夢影由身後溜過
我頓然變成一個鍍金的人
且不自由

旅

我喝完了一瓶星星
然後向太陽呼喊
寂寞是我的喉結
旅途是仙人掌

海鷗

海鷗們乖乖的排隊
想搭乘一艘獨木舟
趕赴南極洲
會遇企鵝們

平衡

搜集所有窗上的月色和日光
製成一幅版畫

懸掛在牆上
恰在那窗的封面

十二月二十五日

馬頭圍道

車。人。飯店。診所
飛機的聲音
沒有一匹馬
小小的圖書館藏在高高的樓房裡

我十分快活
我十分憂鬱
我永遠擁有一個
可望而不可及的去年

十二月二十九日

後記：去年十月到今年六月，我都住在香港九龍的馬頭圍道。

植物人生

漫長的童年
小小蒲公英
十九歲修竹
翠柏四十齡

要到那一季
才能成蒼松？

十二月三十日

灌溉

每天清晨，我
總到井邊打一桶水
灌溉我的田園

三十年後
我化為另一片田地
承受風雲的灌溉

十二月卅一日晨

木屋

我用幾根木柴棒
搭成一座小木屋

安心地躺在屋裡
享用屋外的風風雨雨

日月星辰都是我的暱友
偶然翔過的鴿子
更留下純白色的訊息

我欲乘風歸去
但小不屋堅決挽留我
說：天上不如人間

愛

如日出
如露珠
愛是靈光一閃
如長空
如秋水
愛是無限留白

八十一年一月十三日

高速公路上

一路奔馳而去
回到中學時代
面對無垠的窗外
做一串幾何習題

大地、山川、田園
都是我的作業簿

作完，倦極，閉眼
靜靜等待畢業

一月十五日

打電話

聲音流進來
一扇窗打開
聲音流洩光
一扇門關上

一月二十日

新

一個太陽爬上我的桌子
昂然定居在那兒
我每餐咬食一片
日日新
又日新

一月二十五日

最後一首詩

把一塊純冰
切成兩半
取其一請我最初的戀人
細細品嘗
她說：「很好。」
我便瞑目而逝

一月廿六日

獨木橋

愛情是一條獨木橋
走過去
便回不來

有人溺斃在河裡
有人還顧過往
但見一片茫茫

二月七日

瘦

唐吉訶德很瘦
紀弦很瘦
淡水河也很瘦
瘦成一隻煙斗

至於那陣煙
到底是來自煙斗
來自村舍
抑或來自風車
便無人知悉了

俄羅斯近事

戈巴契夫揮出了最後一擊
乃立地成佛

今年莫斯科的雪很細很小
葉爾辛的皺紋愈來愈長

排隊買麵包的民眾說：
旗換了，可是
糧食在那裡？
廣場上列寧像搖搖欲墜

戈巴契佛走向喬治亞
祈求一個平安夜

二月十一日夜

寫詩的人

一群寫詩的人
在大馬路上
曬棉被
他們沒喝過瓊漿
只是　常常
咬嚼臭豆腐
有一天，其中之一
風化了
大家齊吟嗚嗚

二月十七日

某人

四十歲那年
不慎喝了一罐醋
遂縮為一個侏儒

八十歲
風日清麗
從不呢喃失眠
慫望得
白雪皚皚

停車暫借開

把鍾曉陽細説成
一輪朝陽
停車暫借問
或恐是異鄉
一星如斗
從此不復登山
不復涉海

失

一千人爬上了樹
歡迎遲來的春天

天空接個正著
頃刻消失了蹤影

三月七日

服務

我在北極圈
開了一個加油站
替星星們加油

我在赤道上
鑿了一口井
供太陽下班後納涼

三月十二日

結婚

他在下雨天彈吉他
我在月夜奏古箏

一個陰天
吉他和古箏結了婚

體重計

我弓身一躍
倒立在天上

鄭重其事地
稱自己的體重

三月廿七日

二元論

我每天吃西瓜
西瓜每天吃我

我的雙唇
跟西瓜的肉
一樣地紅

三月卅一日

哲學家

我在哲學家懷中
睡了一整夜

第二天早晨
我又回到地球

天涯

我擁有一座火山
你擁有一座冰山
我們欣然交換
然後各奔天涯

四月一日

賣夢記

我提了兩大袋美夢
到市場中央去拍賣
一整天太陽曬得辛苦
竟沒有遇見一位買主
我垂頭喪氣
又把它們提了回來
到後院挖了兩個大坑
就此將之一一沈埋

三餐

早餐是一本小字典
每粒花生一個字

午餐是百科全書
每條肉絲一則知識

而晚餐
晚餐是一部詩經
每隻餃子包一節詩

彈珠

搜尋一條曲折崎嶇的巷子
尋著一顆渾圓閃亮的彈珠

這世界便有了生氣
這一天便有了意義

四月五日

溶

你是一清晨的雪
我凝視凝視：
溶溶了溶了
我無聲地叫喚

我飛奔向前
想留住你：
不溶不溶的你

四月三十日晨

歸來

一顆心已落在維也納的小街上
至於巴黎
一枚盲腸而已

七月七日
歐遊回來第三天

書架

排得那麼整齊
像一群模範生
說得那麼温柔
像初戀的少女

他擁有自己的心肝脾肺
有些人看得見
有些人摸不著

八月二十五日

上帝・窗

我由窗裡看到天堂
上帝由窗中看到我

關上窗子
我便是上帝

九月一日晨

書法

早晨是一幅寧靜的楷書
中午，熱烈如狂草
夜晚是莊嚴的隸書
超越了秦天漢日

九月一日

姜受延

那流漾的眉眼
那精緻的性感
使威尼斯影展
化為永恆的驛站

從漢城到台灣
從宮闈到田園
你恆掙扎於情欲與神聖之間
完成了另一種禪

九月四日

註：姜受延，韓國女星，曾主演「落山風」等，且獲威尼斯影展最佳女主角獎。

愈

窗愈來愈暗
字愈來愈草
天愈來愈遠
夢愈來愈碎

夢裡時常逃逸
醒來依然挺進

九月十五日

太陽

太陽每天由東邊昇起
越來越感到疲倦

終於有那麼一天
下定了決心
大睡其懶覺

太陽沒有母親
也沒有鬧鐘

十月十五日

茅屋

我一躍而起
拆下一片天空
重築我的小茅屋

毛蟲

一條毛蟲信誓旦旦
永不變化為蝴蝶

世紀之旅

火車在原野上漫步
遇見一條小蚯蚓
徘徊於鐵軌邊上

蚯蚓大聲叫：火車
請慢走！
陪我嚼完這一程

火車頷首
順便打了一個噴嚏
於是一大一小
彷彿忘年之交
展開了世紀之旅

天國

我不信耶穌
也不頌佛陀
洗乾淨雙手
騎驢上天國

（天國的大門半啓半開
那兒正落著細雨）

棋局

大地是一盤棋
每朝每夕
日月星辰在此對奕
而山川草木
則冷眼旁觀

棋局複雜無比
卻也十分簡易

十月十七日

報紙

它們堆在早餐桌上
彷彿一個土丘

克林頓布希裴洛
王建煊趙少康郝柏村
一塊土司
一枚荷包蛋
一杯鮮牛奶
完全沒有胃口。

十一月五日

銀河之形成

有人在河中捉魚
有人在河中摸蝦
有人入河搏蛟
我卻在河裡偷河

一次又一次
失敗了失敗

終於有一夜
我緊緊抱住河身
彷彿抱著一條蟒蛇
奮力一躍而起

從此，天空中便有了
一條長長的銀河

十一月八日

四季

你的眼波是春水
你的紅唇是盛夏
雙乳如纍纍的
　秋之果實
而那一雙冰涼的小腳：
冬神或冬之使者！
我如何超越這一切？
唔，我是神祕的第五季！

十一月九日

酗陣

一群酗客排列成四方陣
中央是一朵巨大的向日葵

上帝恰好酒醒
俯看身子
細細品賞

十一月二十一日

六言四行

子夜零時零刻
拆掉四面粉牆
伸出一雙臂膀
擁抱浩瀚銀河

十二月四日

昨夜

昨夜夢魂中
天庭忽崩塌
我鼓一時勇
雙手撐厄運

叫天天苦笑
呼地地不靈
秋雨細細飄
白雲悠悠行

十二月六日

自悼

一塊石頭
青苔少許

一道長廊
圖畫處處

一張宣紙
水墨斑斑

一陣疾風
柳絮遍地

十二月十二日錄舊稿

一九九三年

一九九三是一艘船
載我奔向桃花源
我挾槳仰天長嘯
我的心已駐蹕中原
八十二年元旦晨七時

蝸牛

我乃一位上帝
一百萬年以前
一百萬年之後
我是一隻蝸牛

一月九日

男 女

所有的男人
都是石油公司

女人們呢
一口口井吧
自動落下去
永遠不到底

一月十一日

悼李莎

以前讀過你的詩
淡淡的一抹影子

三年前瞥見你兒子
傻乎乎的一個俊小子

前年，終於捕捉住你的面目：
弓著身子邁上五樓
喃喃咀嚼「真慚愧……」

撫摸著訃聞上的黑字
唉，這是最後的一首詩

一月十五日

後記：前輩詩人李莎近日逝世，我在二年前才得以識荆，他的兒子是我兒小嵐的國中同學。

愛情

愛情是一塊蛋糕
色　香　味俱全
我每天細細品嚐

有一天吃膩了
用玻璃紙包好
悄悄放進冰箱

一月十八日晨

冬雨

單調地說一些
我根本不懂的言語
徒然澆熄了
我嬌嫩的靈感

昨夜夢魂中
雨神對我訴苦
世界上沒有人
歡迎他的婆心

一月十八日

早安柯林頓

小岩城騎士
巨石滾出來
踏車水上行
征服太平洋

（狂舞一千場
外加薩克斯風曲）

好個希拉蕊
花蕊戀春風
從此白宮中
不見白頭人

一月二十二日晨

癒合

地球每夜咬我一嘴
弄得我傷痕纍纍
太陽每天舔我幾舌
我的傷口遂漸漸癒合

一月二十五日

無題

港口一艘機帆船
船長是位千里眼
芒果蘋果船艙滿
直駛向黃金海岸

二月九日

千路

眼前有一千條路
是一千條毒蛇
纏繞迴環，縱橫糾結
使我無可遁逃

二月十一日

火柴的故事

我是火柴盒裡的
一根瘦瘦的火柴
頻頻幻想著
每天放一次異彩

苦苦地左轉右轉
尋不到一個答案

終於忍耐不住
奮起跨出門戶
奔赴荒郊野地
站成枯木一株

二月十二日

隕石記

六千一百萬年前
我是一團年輕的星雲
熱情而驕傲，昂然
踏上歷史的旅程

最初極緩極慢
恍惚蝸牛散步
隨即放開胸襟
有點彷彿溜冰

太空一片空寂
天風浪浪
繁星灼灼

我幾乎不辨寒煖

突然有一顆流星
有意無意地向我挑逗
我側過一半身子
輕盈地將它閃過

偶然一些不知名的
柳絮狀的無生物
也向我搔首弄姿
我微微贈以一笑

然後是雷轟電劈
試煉我的聽覺與視力
我深深吸一口氣
沈入了假寐狀態

不知經過了多少晝夜
光暗明昧全是謎
我在半昏睡中前進
忘記危險的定義

一道海溝似的空隙
展開在兩個星球之間
我捏了一把冷汗
把它們瞥視了兩遍

我悠然飄過
失去了重量
卻獲得了一種哲學：
生命只是塵埃

我從不懂何謂饑餓
但一片繁光竟使我

恍然若有所失：
身體內缺了些泡沫？

我猛地轉身
欲回向出發之地
但氣流或引力
緊扭住我的脖子

我無可奈何
只好盲目地順勢
一如大江之東流
不知何處是終站

而我逐漸蒼老
脫皮又落髮，如同人類
有時更更有些傷感
想退休卻無家可歸

一個念頭迅速升起
構成了一抹空中花園
命運是一位慈祥老人
會給我安排綠苗

一個筋斗幾乎
將我震裂成碎片
我寒顫了一瞬
又把持住自己的尊嚴

啊，遠方有一團陰影
莫非古老敵人的艦隊？
我欲閃躲如恆
卻漸覺心餘力拙

而那加速度的遊戲
竟令我如飲醍醐

砰！我撞上了地球
一種軟棉棉的堅實

我落在一個有燈光的
斗室裡：三張驚惶的
臉，組合成一幅藍天
我道歉，但找不到語言

草土瓦片爭鳴的屋頂
已擊穿了一個大洞
我的頭顱也昏昏疼疼：
莫非這便是我的家園？

莫非這便是世外桃源？

二月十二日

後記：報載日前一隕石墜落日本鄉間一家屋中。

觀　音

觀音降臨觀音山
細雨濛濛
萬籟俱寂

只有一株小草
向她說了幾句
悄悄話

二月十四日

朝聖

簡樸的早餐桌上
向八十歲的老妻
大聲說：
生日快樂

二月十四日

清風

兩袖清風
我一飛沖天
直奔喜馬拉雅山
跟山靈們
交換呼吸

二月十四日

影侶

馬斯楚安尼
蘇菲亞羅蘭
地中海結合
意大利離婚

凱瑟琳赫本
史賓塞屈塞
誰來吃晚餐
魂歸離恨天

二月十四日

馬

喜馬拉雅山
馬利亞納海
奧克拉荷馬
馬達加斯加
白馬非馬！
（小雨落在地球每一個角落）

二月十四日

預感

很慢很慢的一場災難
由脅下逐漸逐漸
上昇

甚至日曆紙
也沒有揚起鬢角
透露一點點訊息

我是不抱希望的
駿馬，奔馳
而沒有終點
甚至熟透的新春

也拒絕溫柔

二月十四日

悲哀三疊

悲哀是一種蚯蚓
你便是大地泥土

悲哀是一股微風
你便是柳絮飄蓬

悲哀是一場夢
你乃是夢鄉

二月十四日

昇華

抱住一個橄欖似的
島
漂流　漂流
餓了
就吃島的鬚髮
等到有一天
島蛻化為鳥
你也就隨之昇華了

二月十四日

柯林頓

太像甘迺迪
只怕會作假
太愛希拉蕊
只怕會凋謝

誰知道歷史
會不會剷你
誰知道積雪
會不會把你
滑到南極洲
去陪伴企鵝

四年後今天
我們再談玄！

撞　球

把一枚胡桃
放在枕頭邊

讓兩顆黑眼珠
跟它打撞球

訴

一隻燈蛾在眼前
向我訴說痛楚
一千集白蝴蝶在遠方
對天空宣揚幸福

二月十五日

積木

人在一生裡
不斷玩積木

小時堆大的
中午砌得小

等到更衰老
積木不見了

三月十一日

愛是一隻皮球

愛是一隻皮球
貼在頰上，韻味十足
抱在懷裡，十分舒服

愛是一隻皮球
柔軟如夢，鮮活如春
令你不禁沉迷

愛是一隻皮球
滾來滾去，向東向西
使你捉摸不定

愛是一隻皮球

- 143 - 愛是一隻皮球

時刻旋轉，疾於陀螺
令你眼花撩亂

愛是一隻皮球
不慎滑落，挽回不及
眼看它一墜千里

愛是一隻皮球
一旦刺破，頻頻洩氣
迫使你苦苦哀啼

三月二十一日

月亮

月亮是一塊抹布
時時擦拭夜空
使天庭溢滿
不可思議的靈氣

四月七日晨

癌

來不及設防
就已經輸了

一塊女媧補天時失蹤的
頑石，悄悄潛藏到
舌頭背後的左側
營造了一座大本營

一顆星子翻了幾個身
睡著了

四月九日

秋蟬

隔壁一個女人
整夜唱個不停
我把牆壁拆掉
只見一隻秋蟬

七月廿一日

桑葉

常常在四個家人裡
化為一張桑葉
也不知將供誰蠶食

桑葉生長在桑樹上
那種感覺真好
蠶寶寶蠕動在桑葉上
那種感覺也很好

七月廿二日

孿生兒之宴

台灣和海南
南中國海的一對孿生兒
不時在浴日波濤中
遙遙對望
且揣測著　何年何月
才能攜手相會

一九九三年八月
台灣的一群兒女
攜帶一束束詩和祝福
飛到海南叔叔的懷中
一場生命的盛宴

就此燦爛地展開

突然，蘋果般的海南
擁住了香蕉似的台灣……

八月五日

新婚

喝了三盅高粱之後
一個被迫新婚的男人
慷慨宣稱：
我每天都有一次新婚

八月十四日

生命

一本本厚厚的書
我讀也讀不完
一個個深深的水潭
濺濕了我的裡裡外外

最後我停駐在書本末頁
成為一個黑色的鉛字
滑落在水潭深處
變作一粒泡沫

八月十九日

死亡的庭院

昨夜零時
我在死亡的庭院中漫步
然後留下影子
（猶如留下訂金）
揚長而去

九月八日

另一個我

鏡子是另一個我
每天吃坐行睡
讀陽光如讀書報
笑塵埃如笑眾生

粉牆是另一個我
每夜傾聽雨聲
忍受壁虎的騷擾
然後暗暗吞淚

九月十四日

日月

我坐在海邊
仰視藍天：
四海之內
皆日月也

十月十日

禁書

一屋子的禁書
連日月星辰
也忍不住
輪流地偷窺

不怕水災，不忌火
只是那守書人
鬚眉皆白
垂垂
化為一蜘蛛

十月二十二日

死亡

死亡是一條蚯蚓
總在我的生命中
鑽出，鑽進

無可奈何地凝視著
　腳下的土地
我叫了一聲兄弟

十月二十二日

海洋

前門車如水
後窗山若霧
堤上的行人紛紛走入曉夢
我心是一座無邊無際的
海洋

十一月十一日

夢與太陽

我的夢是太陽
太陽是我的夢

當太陽瘦成月亮
我的夢便淪落為
一片淡薄的月光

十一月十四日

讀 書

每天渡過一條河

或涉水而南
或循橋而北
有時流水湯湯
有時泥沙滿腿

我每天渡過一條河
甚至兩條三條

十一月十四日

靜吟

寧靜如青山
低吟若小溪
金黃大理菊
悠悠一縷笛

十一月十五日

天堂

每天舔一口草莓蛋糕
每天品一次天堂

仰首伸舌之際
總有一股酸楚升起

十二月三日

冰山

一千座冰山
覆壓在我胸口
上帝端坐在天堂裡
收不到一通電話

十二月七日

- 163 - 夕陽

夕陽

葉爾辛死了
鄧小平死了
梅傑死了
密特朗死了
細川護熙溺斃
柯林頓奄奄一息

夕陽迅速墜落：
西元二〇〇〇年
十二月十六日

看見

昨天上午看見你
我變了一張臉頰

突然聳高的額寫照著
你無比皎潔的温柔
（瀟瀟細雨輕吻著車窗）

十二月十六日

朝　陽

朝陽是一頭猛虎
咬碎全世界的夢
留下滿地殘骸
不悉誰來收拾

十二月十九日晨

半老

不信嫦娥，不信吳剛
不信不死靈藥
只想爬上樹
看一看月亮

十二月十九日

迎 年

一個陰影的移動
一則故事的中斷
一場夢中之夢

焦灼的盼望，失眠
甚至不由自主的哭泣
攀登埃佛勒斯峰的人
省悟了
明天的定義

十二月二十五日

腳

冷冷的
介乎冰山與布丁之間

也許你還記得
一個美麗的冬夜
一位慘綠少年
留下温暖羞澀的一瞥

十二月廿九日

一九九四年

迫不及待地
爬上這高聳的頭顱
並熱吻她的雙頰

遠方的歌聲
猶含糊不清
但一股山泉
已然亮麗了雙眼

八三年元旦

井禪

有一口深井
我端坐其中
一枚蝌蚪對我微笑
我是如來百世

一月一日